This Book Belongs To:

_____

Kitchen Conversion Chart

Liquid Volumes

CUP	TABLESPOONS	TEASPOONS	FLUID OZ	MILLILTERS
1 CUP	16 tbsp	46 tsp	8 OZ	237 ml
3/4 CUP	12 tbsp	36 tsp	6 OZ	177 ml
2/3 CUP	10 tbsp	32 tsp	5 OZ	158 ml
1/2 CUP	8 tbsp	24 tsp	4 OZ	118 ml
1/3 CUP	5 tbsp	16 tsp	3 OZ	79 ml
1/4 CUP	4 tbsp	12 tsp	2 OZ	59 ml
1/8 CUP	2 tbsp	6 tsp	1 OZ	30 ml
1/16 CUP	1 tbsp	3 tsp	1/2 OZ	15 ml

Dry Weights

CUP	TABLESPOONS	TEASPOONS	OUNCES	GRAMS
1 CUP	16 tbsp	48 tsp	229 g	8 oz
3/4 CUP	12 tbsp	36 tsp	171 g	6 oz
2/3 CUP	10.7 tbsp	32 tsp	152 g	5.3 oz
1/2 CUP	8 tbsp	24 tsp	114 g	4 oz
1/3 CUP	5.3 tbsp	16 tsp	76 g	2.6 g
1/4 CUP	4 tbsp	12 tsp	57 g	2 g
1/8 CUP	2 tbsp	6 tsp	29 g	1 g

TEMPERATURE		LENGTH	
225 F	110 C	1/8"	3 mm
250 F	120 C	1/4"	6 mm
275 F	135 C	1/3"	8 mm
300 F	150 C	3/8"	10 mm
325 F	165 C	1/2"	12 mm
350 F	175 C	5/8"	16 mm
375 F	190 C	2/3"	17 mm
400 F	205 C	3/4"	19 mm
425 F	220 C	1"	2.5 mm
450 F	230 C	2"	5 mm
475 F	245 C	3"	7.6 mm
500 F	260 C	4"	10.2 mm

My Conversions

Index

Index

RECIPE 1

Servings	Prep Time	Cook Time	Best Served With	Calories

Paste Your Photo!

Rating: ☆☆☆☆☆   Difficulty: ○○○○○

Ingredients

Directions

___

Notes

RECIPE 2

Servings	Prep Time	Cook Time	Best Served With	Calories

Paste Your Photo!

Rating: ☆☆☆☆☆   Difficulty: ○○○○○

Ingredients

_____   _____
_____   _____
_____   _____
_____   _____
_____   _____
_____   _____
_____   _____
_____   _____
_____   _____
_____   _____
_____   _____
_____   _____
_____   _____

Directions

Notes

RECIPE 3

Servings	Prep Time	Cook Time	Best Served With	Calories

Paste Your Photo!

Rating: ☆☆☆☆☆   Difficulty: ○○○○○

Ingredients

_____   _____
_____   _____
_____   _____
_____   _____
_____   _____
_____   _____
_____   _____
_____   _____
_____   _____
_____   _____
_____   _____

Directions

Notes

RECIPE 4

Servings	Prep Time	Cook Time	Best Served With	Calories

Paste Your Photo!

Rating: ☆☆☆☆☆   Difficulty: ○○○○○

Ingredients

Directions

_____

Notes

RECIPE 5

Servings	Prep Time	Cook Time	Best Served With	Calories

Paste Your Photo!

Rating: ☆☆☆☆☆   Difficulty: ○○○○○

Ingredients

Directions

_____

_____

_____

_____

_____

_____

_____

_____

_____

_____

_____

_____

_____

_____

_____

Notes

RECIPE 6

Servings	Prep Time	Cook Time	Best Served With	Calories

Paste Your Photo!

Rating: ☆☆☆☆☆   Difficulty: ○○○○○

Ingredients

_____   _____

_____   _____

_____   _____

_____   _____

_____   _____

_____   _____

_____   _____

_____   _____

_____   _____

_____   _____

Directions

_____

_____

_____

_____

_____

_____

_____

_____

_____

_____

_____

_____

_____

_____

_____

_____

Notes

RECIPE 7

Servings	Prep Time	Cook Time	Best Served With	Calories

Paste Your Photo!

Rating: ☆☆☆☆☆   Difficulty: ○○○○○

Ingredients

Directions

Notes

RECIPE 8

Servings	Prep Time	Cook Time	Best Served With	Calories

Paste Your Photo!

Rating: ☆☆☆☆☆   Difficulty: ○○○○○

Ingredients

Directions

Notes

RECIPE 9

Servings	Prep Time	Cook Time	Best Served With	Calories

Paste Your Photo!

Rating: ☆☆☆☆☆   Difficulty: ○○○○○

Ingredients

_____   _____
_____   _____
_____   _____
_____   _____
_____   _____
_____   _____
_____   _____
_____   _____
_____   _____
_____   _____
_____   _____
_____   _____

Directions

_____

_____

_____

_____

_____

_____

_____

_____

_____

_____

_____

_____

_____

_____

Notes

RECIPE 10

Servings	Prep Time	Cook Time	Best Served With	Calories

Paste Your Photo!

Rating: ☆☆☆☆☆   Difficulty: ○○○○○

Ingredients

Directions

Notes

RECIPE 11

Servings	Prep Time	Cook Time	Best Served With	Calories

Paste Your Photo!

Rating: ☆☆☆☆☆   Difficulty: ○○○○○

Ingredients

Directions

_____

_____

_____

_____

_____

_____

_____

_____

_____

_____

_____

_____

_____

_____

_____

_____

Notes

RECIPE 12

Servings	Prep Time	Cook Time	Best Served With	Calories

Paste Your Photo!

Rating: ☆☆☆☆☆　　Difficulty: ○○○○○

Ingredients

Directions

Notes

RECIPE 13

Servings	Prep Time	Cook Time	Best Served With	Calories

Paste Your Photo!

Rating: ☆☆☆☆☆　　Difficulty: ○○○○○

Ingredients

_____　_____

_____　_____

_____　_____

_____　_____

_____　_____

_____　_____

_____　_____

_____　_____

_____　_____

_____　_____

_____　_____

Directions

Notes

RECIPE 14

Servings	Prep Time	Cook Time	Best Served With	Calories

Paste Your Photo!

Rating: ☆☆☆☆☆   Difficulty: ○○○○○

Ingredients

_____   _____

_____   _____

_____   _____

_____   _____

_____   _____

_____   _____

_____   _____

_____   _____

_____   _____

_____   _____

_____   _____

_____   _____

Directions

Notes

RECIPE 15

Servings	Prep Time	Cook Time	Best Served With	Calories

Paste Your Photo!

Rating: ☆☆☆☆☆   Difficulty: ○○○○○

Ingredients

Directions

_____

_____

_____

_____

_____

_____

_____

_____

_____

_____

_____

_____

_____

_____

_____

_____

_____

_____

Notes

RECIPE 16

Servings	Prep Time	Cook Time	Best Served With	Calories

Paste Your Photo!

Rating: ☆☆☆☆☆   Difficulty: ○○○○○

Ingredients

Directions

Notes

RECIPE 17

Servings	Prep Time	Cook Time	Best Served With	Calories

Paste Your Photo!

Rating: ☆☆☆☆☆   Difficulty: ○○○○○

Ingredients

Directions

Notes

RECIPE 18

Servings	Prep Time	Cook Time	Best Served With	Calories

Paste Your Photo!

Rating: ☆☆☆☆☆   Difficulty: ○○○○○

Ingredients

Directions

___

Notes

RECIPE 19

Servings	Prep Time	Cook Time	Best Served With	Calories

Paste Your Photo!

Rating: ☆☆☆☆☆   Difficulty: ○○○○○

Ingredients

Directions

_____

_____

_____

_____

_____

_____

_____

_____

_____

_____

_____

_____

_____

_____

_____

_____

Notes

RECIPE 20

Servings	Prep Time	Cook Time	Best Served With	Calories

Paste Your Photo!

Rating: ☆☆☆☆☆   Difficulty: ○○○○○

Ingredients

_____   _____
_____   _____
_____   _____
_____   _____
_____   _____
_____   _____
_____   _____
_____   _____
_____   _____
_____   _____
_____   _____

Directions

_____

_____

_____

_____

_____

_____

_____

_____

_____

_____

_____

_____

_____

_____

_____

Notes

RECIPE 21

Servings	Prep Time	Cook Time	Best Served With	Calories

Paste Your Photo!

Rating: ☆☆☆☆☆   Difficulty: ○○○○○

Ingredients

Directions

___

Notes

RECIPE 22

Servings	Prep Time	Cook Time	Best Served With	Calories

Paste Your Photo!

Rating: ☆☆☆☆☆   Difficulty: ○ ○ ○ ○ ○

Ingredients

_____   _____
_____   _____
_____   _____
_____   _____
_____   _____
_____   _____
_____   _____
_____   _____
_____   _____
_____   _____
_____   _____
_____   _____

Directions

___

Notes

RECIPE 23

Servings	Prep Time	Cook Time	Best Served With	Calories

Paste Your Photo!

Rating: ☆☆☆☆☆   Difficulty: ○○○○○

Ingredients

Directions

_____
_____
_____
_____
_____
_____
_____
_____
_____
_____
_____
_____
_____
_____
_____
_____

Notes

RECIPE 24

Servings	Prep Time	Cook Time	Best Served With	Calories

Paste Your Photo!

Rating: ☆☆☆☆☆   **Difficulty:** ○○○○○

Ingredients

_____   _____
_____   _____
_____   _____
_____   _____
_____   _____
_____   _____
_____   _____
_____   _____
_____   _____
_____   _____
_____   _____
_____   _____

Directions

_____

_____

_____

_____

_____

_____

_____

_____

_____

_____

_____

_____

_____

Notes

RECIPE 25

Servings	Prep Time	Cook Time	Best Served With	Calories

Paste Your Photo!

Rating: ☆☆☆☆☆   Difficulty: ○○○○○

Ingredients

Directions

_____

_____

_____

_____

_____

_____

_____

_____

_____

_____

_____

_____

_____

_____

_____

_____

_____

_____

Notes

RECIPE 26

Servings	Prep Time	Cook Time	Best Served With	Calories

Paste Your Photo!

Rating: ☆☆☆☆☆   **Difficulty:** ○○○○○

Ingredients

Directions

_____

_____

_____

_____

_____

_____

_____

_____

_____

_____

_____

_____

_____

_____

_____

Notes

RECIPE 27

Servings	Prep Time	Cook Time	Best Served With	Calories

Paste Your Photo!

Rating: ☆☆☆☆☆　　**Difficulty:** ○○○○○

Ingredients

Directions

Notes

RECIPE 28

Servings	Prep Time	Cook Time	Best Served With	Calories

Paste Your Photo!

Rating: ☆☆☆☆☆   Difficulty: ○○○○○

Ingredients

Directions

_____
_____
_____
_____
_____
_____
_____
_____
_____
_____
_____
_____
_____
_____
_____
_____
_____

Notes

RECIPE 29

Servings	Prep Time	Cook Time	Best Served With	Calories

Paste Your Photo!

Rating: ☆☆☆☆☆   Difficulty: ○○○○○

Ingredients

Directions

_____

_____

_____

_____

_____

_____

_____

_____

_____

_____

_____

_____

_____

_____

_____

_____

_____

Notes

RECIPE 30

Servings	Prep Time	Cook Time	Best Served With	Calories

Paste Your Photo!

Rating: ☆☆☆☆☆   Difficulty: ○○○○○

Ingredients

_____   _____
_____   _____
_____   _____
_____   _____
_____   _____
_____   _____
_____   _____
_____   _____
_____   _____
_____   _____
_____   _____

Directions

_____

_____

_____

_____

_____

_____

_____

_____

_____

_____

_____

_____

_____

_____

_____

_____

_____

Notes

RECIPE 31

Servings	Prep Time	Cook Time	Best Served With	Calories

Paste Your Photo!

Rating: ☆☆☆☆☆   Difficulty: ○○○○○

Ingredients

Directions

_____
_____
_____
_____
_____
_____
_____
_____
_____
_____
_____
_____
_____
_____
_____
_____
_____
_____
_____
_____

Notes

RECIPE 32

Servings	Prep Time	Cook Time	Best Served With	Calories

Paste Your Photo!

Rating: ☆☆☆☆☆   Difficulty: ○○○○○

Ingredients

Directions

_____

_____

_____

_____

_____

_____

_____

_____

_____

_____

_____

_____

_____

_____

_____

Notes

RECIPE 33

Servings	Prep Time	Cook Time	Best Served With	Calories

Paste Your Photo!

Rating: ☆☆☆☆☆   Difficulty: ○○○○○

Ingredients

_____   _____
_____   _____
_____   _____
_____   _____
_____   _____
_____   _____
_____   _____
_____   _____
_____   _____
_____   _____
_____   _____
_____   _____
_____   _____

Directions

_____

_____

_____

_____

_____

_____

_____

_____

_____

_____

_____

_____

_____

_____

Notes

RECIPE 34

Servings	Prep Time	Cook Time	Best Served With	Calories

Paste Your Photo!

Rating: ☆☆☆☆☆   Difficulty: ○○○○○

Ingredients

_____   _____
_____   _____
_____   _____
_____   _____
_____   _____
_____   _____
_____   _____
_____   _____
_____   _____
_____   _____
_____   _____
_____   _____

Directions

Notes

RECIPE 35

| Servings | Prep Time | Cook Time | Best Served With | Calories |

Paste Your Photo!

Rating: ☆☆☆☆☆   Difficulty: ○○○○○

Ingredients

Directions

Notes

RECIPE 36

Servings	Prep Time	Cook Time	Best Served With	Calories

Paste Your Photo!

Rating: ☆☆☆☆☆   Difficulty: ○○○○○

Ingredients

Directions

_____
_____
_____
_____
_____
_____
_____
_____
_____
_____
_____
_____
_____
_____
_____
_____
_____

Notes

RECIPE 37

Servings	Prep Time	Cook Time	Best Served With	Calories

Paste Your Photo!

Rating: ☆☆☆☆☆   Difficulty: ○○○○○

Ingredients

Directions

_____
_____
_____
_____
_____
_____
_____
_____
_____
_____
_____
_____
_____
_____
_____
_____
_____

Notes

RECIPE 38

Servings	Prep Time	Cook Time	Best Served With	Calories

Paste Your Photo!

Rating: ☆☆☆☆☆   Difficulty: ○○○○○

Ingredients

_____   _____
_____   _____
_____   _____
_____   _____
_____   _____
_____   _____
_____   _____
_____   _____
_____   _____
_____   _____
_____   _____

Directions

Notes

RECIPE 39

Servings	Prep Time	Cook Time	Best Served With	Calories

Paste Your Photo!

Rating: ☆☆☆☆☆   Difficulty: ○○○○○

Ingredients

_____   _____
_____   _____
_____   _____
_____   _____
_____   _____
_____   _____
_____   _____
_____   _____
_____   _____
_____   _____
_____   _____
_____   _____

Directions

Notes

RECIPE 40

Servings	Prep Time	Cook Time	Best Served With	Calories

Paste Your Photo!

Rating: ☆☆☆☆☆   Difficulty: ○○○○○

Ingredients

Directions

Notes

RECIPE 41

Servings	Prep Time	Cook Time	Best Served With	Calories

Paste Your Photo!

Rating: ☆☆☆☆☆   Difficulty: ○○○○○

Ingredients

Directions

Notes

RECIPE 42

Servings	Prep Time	Cook Time	Best Served With	Calories

Paste Your Photo!

Rating: ☆☆☆☆☆   Difficulty: ○○○○○

Ingredients

Directions

Notes

RECIPE 43

Servings	Prep Time	Cook Time	Best Served With	Calories

Paste Your Photo!

Rating: ☆☆☆☆☆   Difficulty: ○○○○○

Ingredients

_____   _____
_____   _____
_____   _____
_____   _____
_____   _____
_____   _____
_____   _____
_____   _____
_____   _____
_____   _____
_____   _____

Directions

Notes

RECIPE 44

Servings	Prep Time	Cook Time	Best Served With	Calories

Paste Your Photo!

Rating: ☆☆☆☆☆   Difficulty: ○○○○○

Ingredients

_____   _____
_____   _____
_____   _____
_____   _____
_____   _____
_____   _____
_____   _____
_____   _____
_____   _____
_____   _____
_____   _____
_____   _____
_____   _____

Directions

_____
_____
_____
_____
_____
_____
_____
_____
_____
_____
_____
_____
_____
_____
_____
_____
_____

Notes

RECIPE 45

Servings	Prep Time	Cook Time	Best Served With	Calories

Paste Your Photo!

Rating: ☆☆☆☆☆   Difficulty: ○○○○○

Ingredients

Directions

Notes

RECIPE 46

Servings	Prep Time	Cook Time	Best Served With	Calories

Paste Your Photo!

Rating: ☆☆☆☆☆   Difficulty: ○○○○○

Ingredients

Directions

_____
_____
_____
_____
_____
_____
_____
_____
_____
_____
_____
_____
_____
_____
_____
_____
_____
_____
_____

Notes

RECIPE 47

Servings	Prep Time	Cook Time	Best Served With	Calories

Paste Your Photo!

Rating: ☆☆☆☆☆   Difficulty: ○○○○○

Ingredients

_____   _____
_____   _____
_____   _____
_____   _____
_____   _____
_____   _____
_____   _____
_____   _____
_____   _____
_____   _____
_____   _____
_____   _____

Directions

___

Notes

RECIPE 48

Servings	Prep Time	Cook Time	Best Served With	Calories

Paste Your Photo!

Rating: ☆☆☆☆☆   Difficulty: ○○○○○

Ingredients

_____   _____
_____   _____
_____   _____
_____   _____
_____   _____
_____   _____
_____   _____
_____   _____
_____   _____
_____   _____
_____   _____

Directions

_____

_____

_____

_____

_____

_____

_____

_____

_____

_____

_____

_____

_____

_____

_____

_____

_____

Notes

RECIPE 49

Servings	Prep Time	Cook Time	Best Served With	Calories

Paste Your Photo!

Rating: ☆☆☆☆☆   Difficulty: ○○○○○

Ingredients

_____   _____
_____   _____
_____   _____
_____   _____
_____   _____
_____   _____
_____   _____
_____   _____
_____   _____
_____   _____
_____   _____
_____   _____

Directions

Notes

RECIPE 50

Servings	Prep Time	Cook Time	Best Served With	Calories

Paste Your Photo!

Rating: ☆☆☆☆☆   Difficulty: ○○○○○

Ingredients

_____   _____
_____   _____
_____   _____
_____   _____
_____   _____
_____   _____
_____   _____
_____   _____
_____   _____
_____   _____
_____   _____
_____   _____

Directions

_____

_____

_____

_____

_____

_____

_____

_____

_____

_____

_____

_____

_____

_____

_____

_____

_____

Notes

RECIPE 51

Servings	Prep Time	Cook Time	Best Served With	Calories

Paste Your Photo!

Rating: ☆☆☆☆☆   Difficulty: ○○○○○

Ingredients

Directions

___

Notes

RECIPE 52

Servings	Prep Time	Cook Time	Best Served With	Calories

Paste Your Photo!

Rating: ☆☆☆☆☆   Difficulty: ○○○○○

Ingredients

Directions

Notes

RECIPE 53

Servings	Prep Time	Cook Time	Best Served With	Calories

Paste Your Photo!

Rating: ☆☆☆☆☆   Difficulty: ○○○○○

Ingredients

Directions

___

Notes

RECIPE 54

Servings	Prep Time	Cook Time	Best Served With	Calories

Paste Your Photo!

Rating: ☆☆☆☆☆   Difficulty: ○○○○○

Ingredients

_____   _____
_____   _____
_____   _____
_____   _____
_____   _____
_____   _____
_____   _____
_____   _____
_____   _____
_____   _____
_____   _____
_____   _____

Directions

Notes

RECIPE 55

Servings	Prep Time	Cook Time	Best Served With	Calories

Paste Your Photo!

Rating: ☆☆☆☆☆   Difficulty: ○○○○○

Ingredients

_____   _____
_____   _____
_____   _____
_____   _____
_____   _____
_____   _____
_____   _____
_____   _____
_____   _____
_____   _____
_____   _____
_____   _____

Directions

Notes

RECIPE 56

Servings	Prep Time	Cook Time	Best Served With	Calories

Paste Your Photo!

Rating: ☆☆☆☆☆   Difficulty: ○○○○○

Ingredients

Directions

_____

_____

_____

_____

_____

_____

_____

_____

_____

_____

_____

_____

_____

_____

_____

_____

Notes

RECIPE 57

| Servings | Prep Time | Cook Time | Best Served With | Calories |

Paste Your Photo!

Rating: ☆☆☆☆☆   Difficulty: ○○○○○

Ingredients

Directions

_____

_____

_____

_____

_____

_____

_____

_____

_____

_____

_____

_____

_____

_____

_____

_____

_____

Notes

RECIPE 58

Servings	Prep Time	Cook Time	Best Served With	Calories

Paste Your Photo!

Rating: ☆☆☆☆☆　　　Difficulty: ○○○○○

Ingredients

Directions

Notes

RECIPE 59

Servings	Prep Time	Cook Time	Best Served With	Calories

Paste Your Photo!

Rating: ☆☆☆☆☆   Difficulty: ○○○○○

Ingredients

Directions

Notes

RECIPE 60

Servings	Prep Time	Cook Time	Best Served With	Calories

Paste Your Photo!

Rating: ☆☆☆☆☆   Difficulty: ○○○○○

Ingredients

Directions

Notes